RABÍ NAJMÁN DE BRESLOV

EL LIBRO DE
LOS ATRIBUTOS

SEFER HAMIDOT

Selección y Traducción al Español
Guillermo Beilinson

Segunda edición 2014

Título del original:
The Aleph-Bet Book

Para más información:
Breslov Research Institute
POB 5370
Jerusalem, Israel.

Breslov Research Institute
POB 587
Monsey, NY 10952-0587
Estados Unidos de Norteamérica.

Breslov Research Institute
c\o G.Beilinson
calle 493 bis # 2548
Gonnet (1897)
Argentina.
e-mail: abei1ar@yahoo.com.ar

Para la Elevación del Alma
de mi Padre

Aarón ben Biniamin z"l

y para mi Madre

Berta bat Pola

～ PRÓLOGO ～

La dimensión espiritual es un ámbito tan poco conocido que obliga al hombre a buscar una guía para adentrarse en él. Es el proverbial "bosque" que uno debe atravesar en la noche, caminando por un sendero oculto entre espinos cuya única manera de recorrer con seguridad es mediante el consejo de aquéllos que ya han entrado y han abierto una brecha para los demás. Siguiendo sus palabras y consejos podemos también nosotros adentrarnos en la cada vez más profunda comprensión de la Verdadera Realidad, de la percepción del Creador Quien ha diseñado para nosotros ese sendero. Esta senda es la Torá y estos guías son los Tzadikim, aquellas personas que han alcanzado el grado más elevado de espiritualidad y de percepción de Dios. En sus palabras y enseñanzas encontramos la roca firme donde asentar la fe necesaria para andar en lo desconocido. Con sus consejos podemos orientar la dirección del verdadero anhelo del alma, del retorno a Dios.

El Rabí Najmán de Breslov (1772-1810), fundó la que ha sido descrita como la más original de todas las escuelas Jasídicas, llegando a ser el más estudiado y citado de los maestros Jasídicos. Su camino espiritual enseña la alegría, la búsqueda del bien en uno mismo y en los demás, la conversación privada con Dios, el cumplimiento sincero de los mandamientos y el estudio en profundidad de la Torá.

Los escritos del Rabí Najmán incluyen cuentos místicos, parábolas y lecciones de Torá, conformando un *corpus* de enseñanzas de una potencia espiritual tan profunda que es capaz de llegar a todos los seres humanos, desde "el más pequeño hasta el más grande". El Rebe se dirige tanto al *Tzadik* como al hombre común, alejado del mundo espiritual y sumido en las preocupaciones cotidianas. Para todos y para cada uno tiene un mensaje particular de aliento y fortaleza que despierta la "chispa interior de santidad" y el anhelo por elevarse cada vez más y acercarse al Creador.

Entre sus obras brilla este pequeño volumen titulado "El Libro de los Atributos" o "El Libro del *Alef-Bet*" debido a su disposición en orden alfabético.

Es una colección de epigramas sobre los diversos rasgos de carácter y otros aspectos de la vida espiritual. Consta de dos partes recopiladas en diferentes momentos de la vida del Rabí Najmán. La primera fue compuesta durante su juventud y es una selección tomada de la Biblia, del Talmud, del Midrash y de otras obras Rabínicas, destacando las ideas relacionadas con el comportamiento ético y con las buenas cualidades (las *midot*). El objetivo del Rebe era tenerlas a mano para poder recordarlas y aplicarlas. Tal es así que muchos años después, al ver un ejemplar de esta obra en manos de uno de sus seguidores, el Rebe recalcó: "Mi querido amigo, mi leal amigo. Este libro es el que me hizo un judío".

La segunda parte, compuesta muchos años después, es similar a la primera en forma y estructura, y está dedicada casi en su totalidad a los mismos temas. Sin embargo, de acuerdo con lo revelado por el Rebe Najmán, ésta se basa en una comprensión mucho más profunda de las fuentes.

El Rebe mantuvo en secreto la existencia de este libro hasta su llegada al pueblo de Breslov en 1802, cuando comenzó a revelarle la primera parte a su discípulo, el Rabí Natán. Al dictar su manuscrito, el Rebe eligió cuidadosamente aquellos epigramas que deseaba revelar al mundo lo que explicaría por qué nunca reveló las fuentes de donde los tomó.

La intención del Rebe era hacer de este texto un manual y una guía para el desarrollo espiritual. Su versión original contiene más de dos mil quinientos epigramas y era común que los Jasidim de Rusia los recordasen de memoria, sin duda la mejor manera de cumplir con el deseo del Rabí Najmán de llevar este libro siempre consigo.

Es con este espíritu que el Breslov Research Institute ha encarado la selección y traducción de algunos de los epigramas del "Libro de los Atributos" para incluirlos en este pequeño volumen. Aunque la estructura alfabética seguida por el Rebe no puede ser reproducida en una traducción al español, hemos decidido mantener en esta selección la misma estructura del original, cuyo orden parece indicar una conexión interna entre los temas.

Cada frase de este libro es una piedra preciosa multifacética que debe ser investigada y asentada en la reflexión. Cada epigrama, al igual que todas las enseñanzas del Rabí Najmán, debe ser considerado no sólo como una idea, sino como la descripción de la estructura más esencial de la Realidad. Como dijo el Rabí Abraham Sternhartz, nieto del Rabí Natán:

"Uno no debe ver este libro con sus epigramas como una mera colección de las diferentes enseñanzas de los Sabios y de otras fuentes sagradas, sino que hay que entender que en cada uno de ellos, el Rabí Najmán nos ha transmitido su tremenda y profunda comprensión, producto de su gran sabiduría y pureza, extraída de sus raíces más elevadas".

EL LIBRO DE LOS ATRIBUTOS

SEFER HAMIDOT

VERDAD

- La persona que desee unirse al Santo, bendito sea - de modo que sus pensamientos pasen de una cámara a otra, percibiendo estas cámaras con los ojos de la mente - debe evitar decir mentiras, aunque sea por error.

- La verdad protege al mundo de toda clase de daños.

- La persona caritativa es recompensada con la verdad.

- La verdad redime a la persona de toda clase de sufrimiento.

- Donde hay verdad hay paz.

- El temor a Dios lleva a la verdad.

- La unidad de Dios se revela a través de la verdad.

- La verdad produce satisfacción.

- La verdad traerá la redención final.

HOSPITALIDAD

- Recibir huéspedes es como recibir el Shabat.

- La hospitalidad es más grande que recibir a la *Shejiná*, la Presencia de Dios.

AMOR

- El amor produce entusiasmo.

- Cuando la tierra florece, trae amor al mundo.

FE

- Creer en Dios debe provenir de la fe y no de milagros.

- Es posible alcanzar la fe a través de la humildad.

11

- Cuando veas algo fuera de lo común, no digas que es una coincidencia; más bien reconócelo como la Divina Providencia.

- Hay cosas que producen un gran daño en el mundo y es difícil comprender por qué fueron creadas. Debes saber que de seguro tienen algún aspecto de bien.

- No es posible alcanzar la fe sin preparar primero el corazón.

- La fe depende de la boca. Hablar de la fe no sólo la aumenta - ¡*Es* fe!

- Tener fe en Dios trae bendiciones.

- Si tienes alguna duda sobre Dios, manténte en silencio. En virtud de este silencio, tus mismos pensamientos te darán la respuesta.

- Guardar silencio ante el insulto te permitirá conocer la respuesta a tus dudas y merecerás un espíritu de comprensión.

- Tener fe en Dios nos hace sabios.

- Primero es necesario tener fe en Dios y recién después serás digno de comprenderLo con tu intelecto.

- Cuando uno duda de su fe en Dios, debe llorar.

- Por medio de la fe uno llega a confiar en Dios.

- Mashíaj llegará gracias al espíritu de unidad que existirá entre los judíos.

- La verdad protege al mundo de toda clase de daños.

- Cuando no hay verdad no hay bondad.

- Cuando uno va de un rabino a otro, debe fortalecer su fe en la unidad de Dios. Aprender de muchos maestros disminuye la fe en la Unidad. Sin embargo, el rabino que tiene fe en la Unidad es capaz de iluminar a cada discípulo según su capacidad; y cada alumno escucha sólo aquello que es necesario para él y nada más.

- La fe consolida la mente.

- La Torá lleva a la fe y la fe lleva a la santificación del Nombre de Dios.

COMER

- Asegúrate de dejar siempre un poco de comida en el plato y así tu sustento recibirá la bendición de Dios.

- La mesa de una persona la purifica de todos sus pecados.

- El altar anula todos los malos decretos, expía los pecados, nutre y congracia.

- La mesa es comparable a un altar.

LA TIERRA DE ISRAEL

- Al asentarse a vivir en la Tierra de Israel, uno obtiene la comprensión de la Providencia de Dios sobre el mundo.

- El anhelo por ir a la Tierra de Israel trae una gran bendición al sustento.

Hijos

- Todo aquél que le enseña Torá al hijo de un amigo es como si lo hubiera engendrado.

- Los hijos buenos son muy beneficiosos para sus ancestros.

- No se debe favorecer a un hijo por sobre otro.

- Es necesario enseñarle al niño a comportarse correctamente desde el comienzo.

- Dios realiza grandes cosas para la persona de acuerdo con su nombre. Esto es porque el nombre de la persona influye en todos los aspectos de su vida.

- Cuando una persona no tiene piedad

15

de sus hijos, demuestra que no comprende en absoluto la santidad.

● Cuando un niño llega al mundo también llega la bondad.

● Cuando el hijo de una persona se ocupa del estudio de la Torá es como si la persona nunca muriese.

LA CASA

● Cuando el Tzadik entra a una casa que está destinada para una bendición, también llega la bendición.

● Las situaciones aparentemente naturales que le suceden a una persona, para bien o para mal, están de hecho influenciadas por el tiempo y por el lugar.

● La persona que quiera mudarse a otra casa deberá recitar primero todo el Pentateuco y después mudarse.

Vergüenza y Modestia

- Es sabido que cuando alguien es avergonzado ello se debe a su falta de confianza en Dios.

- Mediante la caridad alcanzarás la cualidad de la modestia.

- Es mejor ser arrojado a un horno ardiente antes que avergonzar a una persona en público.

- Cuando tu amigo te haga sentir vergüenza, acepta sus palabras.

Vestimentas

- La vestimenta indica cuál es el carácter de la persona.

- Relatar historias sobre Tzadikim trae al mundo la luz del Mashíaj y elimina mucha oscuridad y dolor. El relator es también recompensado con hermosas vestimentas.

- Cuando un hombre usa las ropas de su padre le es más fácil seguir en el camino de su progenitor.

Confianza en Dios

- La persona que confía en Dios no le teme a nada.

- Confiar en Dios trae paz.

- La confianza en Dios proviene del temor a Él.

- La fe genera confianza en Dios.

- Decir mentiras le impide a la persona confiar en la verdad.

- La confianza en Dios libera la persona de sus preocupaciones.

- Mediante el silencio uno llega a confiar en Dios.

- Al confiar en Dios la persona se acerca a Él.

Buenas Noticias y Bendiciones

- La persona que acostumbra a dar buenas noticias se enviste con la cualidad del profeta Elías.

- Aquél que recibe una bendición debe darle alguna clase de regalo a la persona que lo bendijo.

- No tomes la bendición de un gentil a la ligera.

- La persona que acerca al servicio a Dios a aquéllos que están lejos, recibe el poder de bendecir a los demás.

Llorar

- La persona que no puede llorar debe mirar al cielo, pues fue el cielo el que hizo que las aguas de la Creación llorasen [al separar las aguas inferiores de las aguas superiores].

- Llorar anula los pensamientos inmorales.

ORGULLO

- Mashíaj no vendrá hasta que el orgullo no sea eliminado del mundo.

- El orgullo hace que la persona sienta miedo.

- La Caridad es una *segulá*, un remedio sagrado, para eliminar el orgullo.

- Si la persona siente entusiasmo en el corazón, debe saber que ése es un momento propicio.

- Una manera particularmente apropiada de eliminar el orgullo es compartir el sufrimiento del pueblo judío.

- El orgullo hace que la persona caiga de su fe.

- El orgullo impide que el corazón y los ojos del hombre puedan ver las maravillas de Dios y así llegar a temerLe.

- Una manera particularmente propicia para evitar el orgullo es mirar el cielo.

- El hombre orgulloso es un lisiado.

- El pobre humilde, aunque no dé caridad, es mejor que el rico orgulloso, aunque sea caritativo.

ROBO

- Robar un centavo de un amigo, aunque sea indirectamente, es similar a quitarle el alma y el alma de sus hijos.

- Aquél que no tiene consideración por las posesiones de otro es como un ladrón.

- El que ha confiado en Dios desde su infancia se verá libre de ladrones.

- La mentira trae ladrones.

- La persona que roba pierde su sabiduría.

Verdadero Conocimiento

- Ocasionalmente, Dios hace que le sucedan a la persona ciertas cosas para que pueda entonces apreciar la Divinidad y la misericordia.

- La naturaleza del alimento que uno ingiere le genera un temperamento similar.

- El vino y los perfumes agudizan la mente.

- La disputa desestabiliza la mente.

- La persona sufre más por aquello que ve que por lo que escucha.

- Mediante su conocimiento, los hombres sabios son capaces de cerciorarse de muchas cosas que el intelecto normal no puede comprender.

- Cuando alguien quiera saber cómo proceder en una situación particular, deberá abrir un libro santo y entonces comprenderá qué es lo que debe hacer.

- El temor a Dios te dará sabiduría.

- La persona orgullosa no puede comprender la soberanía de Dios sobre todas las cosas.

- Cuando una persona obtiene la revelación de algún conocimiento profundo, ello indica que pronto experimentará alguna clase de elevación.

- Cuando una persona se arrepiente de todo corazón, el Santo, bendito sea, le da la capacidad de comprender Su deseo y Su voluntad.

- Al decir la verdad la persona merece conocer el camino de Dios.

- Al realizar actos de verdadera bondad para con los Tzadikim, llegarás a saber que todas las sendas - así sea la plegaria, el comer o cualquier otro de los placeres físicos – todas son el camino de Dios.

- Expresar alegría mediante una canción te hará sabio.

- Cuantas más buenas acciones realice la persona, más profundos hará Dios sus pensamientos; es decir, recibirá una gran mente.

- ¡Debes saber! Cada mundo y cada creación tiene su propia forma particular y su estructura individual. Por ejemplo, la estructura del león es diferente de la estructura de la oveja, en su fortaleza, en la resistencia de sus huesos y en su voz. Esto también sucede dentro de la misma especie del león. Pues que existen diferencias entre un ejemplar y el otro. Estas diferencias entre los distintos seres están aludidas en las formas de las letras y en sus combinaciones. Aquél que merezca comprender la Torá será capaz de comprender estas diferencias. Sabrá también qué es lo que tienen en común - su origen y su final - en lo cual son idénticas, sin distinción.

- ¡Debes saber! El hombre tiene dominio por sobre el mundo en proporción directa a su conocimiento de la Torá y de la Naturaleza. Es por esto que Daniel fue capaz de dominar a los leones, pues era muy sabio y "no había ningún secreto que no supiera". Él conocía la naturaleza del león, y es sabido que la Naturaleza misma se encuentra bajo los dictados del conocimiento de la Torá.

- Cuando una persona utiliza la fe para eliminar pensamientos de idolatría, estos pensamientos se transforman en un "aspecto" del rocío de bendición. Como resultado, su mente también permanece firme y nunca se confunde. Incluso aunque su mente esté sobrecargada debido a una profunda concentración en un tema muy difícil, el Santo, bendito sea, la provee de pensamientos que le dan descanso.

- El mérito de aquéllos que mantienen a los pobres salva a las masas de la plaga. Es también en su mérito que la conciencia expandida precede [en lugar de seguir] a la conciencia restringida.

• Incluso la locura y la tontería contienen [cierta] sabiduría.

• La persona que quiera utilizar su intelecto para profundizar e investigar algún tema en especial, deberá unir su pensamiento al Santo Templo. Esto está indicado en los versículos, "tomaré mi conocimiento desde *lejos*" (Job 36:3) y "él vio el lugar [el Monte del Templo] desde *lejos* (Génesis 22:4).

• Cuando alguien se convierte al judaísmo hace que aumente el verdadero conocimiento en el mundo.

• Incluso los profetas sólo saben aquello que el Santo, bendito sea, les revela.

• Cuando una persona se ocupa de las necesidades físicas de su amigo y su amigo piensa en ello, esto forma la columna vertebral del mundo.

Viajando

- La persona que se alegra con la novia y el novio cuando salen de debajo del palio nupcial no sufrirá daños al viajar.

- La Plegaria del Viajero debe ser recitada mientras el cochero prepara la carreta y los caballos.

- Antes de salir de viaje, únete a la cualidad de la confianza en Dios y de este modo no tropezarás [en el camino].

- Da caridad antes de salir de viaje.

- Todos los senderos por los que anda el hombre provienen de Dios y son Su voluntad. Pero sólo la persona humilde puede comprender Su camino.

- La persona adquiere el lugar por el cual camina.

- Viajar genera comprensión.

- Viajar de un lugar otorga un buen nombre.

- No todos los lugares son apropiados para el estudio de la Torá y para el cumplimiento de buenas acciones. Debido a esto, Dios genera circunstancias que hacen que la persona se vaya de un lugar a otro.

Jueces - Mitigar los Juicios

- La decisión de un juez verdadero nunca es anulada. Su veredicto es llevado a cabo, aun en contra de la voluntad de los litigantes.

- Nombrar jueces no calificados genera pensamientos de idolatría.

- Cuando los mensajeros que traen sufrimiento son despachados para cumplir con su función, se les hace tomar un juramento: sólo saldrán y retornará en tal y tal día, en tal y tal momento y sólo [llevarán a cabo su misión] utilizando los medios designados. Sin embargo el arrepentimiento, la plegaria y la caridad tienen el poder de anular este juramento.

- La depresión deja a la persona abierta al infortunio, dándole vía libre al atributo de la severidad.

- La persona que sufre debe dar caridad. Esto será considerado como si fuera un sueldo pagado a un juez por sus servicios, que al ser aceptado, anula la validez del veredicto. Mediante esto se aliviará su sufrimiento.

- Hay cuatro cosas que anulan los decretos severos: la caridad, clamar a Dios, cambiarse el nombre y mejorar el comportamiento.

- Los efectos de un decreto en contra de una persona sólo se aplican en un lugar específico. Es posible salvarse cambiando de ubicación.

- La persona debe contarles a los demás

sus dificultades de modo que ellos puedan pedir misericordia para ella.

• Si uno se ve rodeado de juicios severos, debe hablar sobre sus enemigos y justificar sus acciones.

• Dios trae sufrimiento a la persona que hace un voto y no lo lleva a cabo. Sin embargo, si guarda silencio, es considerado como si lo hubiera cumplido.

• Aceptar el sufrimiento con amor equivale a traer un sacrificio.

• La persona que tropieza al caminar debe considerarlo como una señal de descenso en su nivel espiritual.

• La persona que se encuentra acosada por juicios severos debe tomar la costumbre de mirar al cielo.

• El Santo, bendito sea, exonera a la persona que les enseña rectitud a los malvados.

- La caridad transforma la justicia y el juicio en bondad.

- *Daat*, el verdadero conocimiento, hace descender la bondad [de Dios].

- La persona que se concentra y se prepara antes de orar es liberada del sufrimiento, aunque finalmente no llegue a orar como es debido.

- Recita el Salmo 77 a fin de mitigar los juicios severos.

- Mantenerse despierto durante toda la noche libra a la persona de los juicios severos.

- Visitar al Tzadik es en sí mismo suficiente para endulzar los juicios severos.

- Los acusadores de la persona son eliminados mediante el estudio de la Torá.

- Caerse al caminar sirve a veces para anular un decreto de muerte que ha sido emitido en contra de la persona.

- Quedarse bajo el agua en la *mikve* hasta no poder retener más el aliento mitiga los juicios severos.

- Recitar un versículo en el momento apropiado trae bien al mundo.

- Al escuchar a un amigo hablar de su sufrimiento, la persona debe ser inteligente como para que este sufrimiento no le sobrevenga a ella también.

- La persona que tenga algún enfermo en casa o sufra por algo, deberá visitar a un hombre sabio, quien orará por ella o le dará una bendición.

- Aquéllos que escuchan acusaciones en contra del pueblo judío deben tomarse el trabajo de encargarse del tema y hablar de sus puntos buenos.

- En épocas de juicios severos la persona debe orar con fervor.

- La caridad mitiga los juicios severos.

- La *mikve* mitiga los juicios severos.

- Una vez que ha sido emitido el decreto final, es necesario velar nuestras plegarias bajo la forma de cuentos e historias.

- Abrir un rollo de Torá endulza los juicios severos que retornan entonces a su lugar [de origen].

- El silencio mitiga los juicios severos.

- La humildad anula los juicios severos.

- Recitar el Cantar de los Cantares mitiga los juicios severos.

- Los juicios severos pueden mitigarse tirando suertes, como ocurría con *Azazel*.(El Rabí Natán escribe que escuchó la siguiente explicación del Rabí Najmán en el momento de transcribir este aforismo: la persona debe tomar dos monedas y tirar suertes - una para Dios y la otra para

Azazel. La moneda designada para Dios, debe ser dada como caridad; aquélla para *Azazel* debe ser arrojada. Esto mitigará los juicios severos).

- La melancolía despierta los juicios severos.

- Un cambio de lugar elimina el decreto de juicio.

- Ser misericordioso mitiga el juicio severo.

MEDITACIÓN

- La persona que se aísla y se separa de los demás es purificada desde Arriba.

- La conversación privada que la persona tiene con Dios se transforma, más tarde, en redención y salvación para sus hijos.

Malos Pensamientos

- La humildad salva a la persona de los pensamientos idólatras.

- Relatar historias sobre Tzadikim trae buenos pensamientos.

- Aquél que tenga pensamientos impuros debe buscar siempre el bien en los demás.

- Pensar en alguna idea de Torá que tú hayas originado es especialmente propicio para eliminar los pensamientos indeseables.

- Comer y beber embotan la mente.

- La ira produce pensamientos idólatras.

- Sentarse en compañía de gente promiscua o en un lugar donde se haya realizado un acto inmoral genera pensamientos impuros.

- La mala inclinación sólo desea aquello que le está prohibido.

- [Incluso] las pasiones contienen en su interior el amor de Dios.

- Los deseos inmorales son eliminados al mostrar compasión por los demás.

- Los ojos hacen que el corazón desee.

- La plegaria recitada con un corazón atento abre todas las puertas del Cielo.

- Uno puede eliminar los pensamientos perturbadores elevando la voz como si fuera a llorar.

- La confianza en Dios te salvará de los pensamientos impuros.

- La manera particular en que las chispas divinas se envisten dentro de pensamientos perturbadores que entonces vienen hacia uno para ser rectificados, depende del momento de la plegaria en el cual uno se encuentre.

- Mediante la paz se exalta el nombre de Dios.

- Los *tzitzit* protegen contra la inmoralidad.

- La mala inclinación sólo tiene control sobre aquello que la persona ve.

- Aplaudir ayuda contra la mayoría de los rasgos negativos.

- Desacralizar las festividades es comparable a la idolatría.

- Si uno estudia Torá y realiza actos de bondad, podrá entonces dominar su mala inclinación.

- Si la persona pide perdón y evita transgredir, no pecará - ni siquiera con el pensamiento.

- Para eliminar pensamientos idólatras es necesario pensar en realizar actos de bondad y luego obligarse a cumplirlos.

- Estudiar los Codificadores *Halájicos* anula los pensamientos de idolatría.

- Todos los pecados son perdonados cuando se eliminan de la mente los pensamientos de idolatría.

- Llorar elimina los pensamientos inmorales.

- Investigar el mundo de la nada - es decir, aquello que está más arriba y más allá, lo que precede a este mundo y lo que le sigue - trae una maldición. La persona que se cuida de hacer esta clase de investigaciones trae una bendición.

PRESTIGIO E IMPORTANCIA

- La persona que comienza una *mitzvá* pero no la completa hace que disminuya su prestigio.

- La persona obtiene prestigio dando caridad.

- Una vez que una persona importante ha obtenido prestigio, éste no se le es retirado.

- Cuando el Santo, bendito sea, quiere que un Tzadik obtenga prestigio y fama, hace que se produzcan conflictos y disputas entre los malvados.

- La persona que no puede aceptar que la corrijan no avanza.

- Cuando la gente recurre a una persona buscando consejo en el servicio a Dios, su prestigio aumenta.

- Aquél que desprecia el robo se eleva en grandeza.

- Recitar los Salmos eleva el prestigio de la persona.

- La importancia de la persona crece en virtud de su amor por los Tzadikim.

- La humildad trae prestigio.

- La persona obtiene prestigio cuando honra a la Torá.

- Debes respetar y pasar tiempo en la presencia de la persona a quien Dios le ha otorgado eminencia.

• Cuando un malvado prospera se hace difícil desarrollar nuevas ideas de la Ley Judía. [Esto también repercute en los casos del tribunal, en el hecho de que] los litigantes no aceptan el veredicto de los jueces.

• Uno debe ser humilde cuando los malvados están en control [de las cosas].

Éxito

• Únete a una persona exitosa y así triunfarás.

• La bendición sólo se posa sobre aquello que está oculto a la vista.

• El éxito es enviado desde el Cielo.

• El estudio de la Torá es particularmente propicio para el éxito.

- La persona que siempre dice la verdad prospera.

- La fe en los rabinos trae el éxito.

- La persona que siempre está contenta logra lo que busca.

- Cuando la persona es exitosa, tiene control sobre el tiempo.

INSTRUCCIÓN

- El tribunal donde se juzga en base a la Ley Judía inspira el temor a Dios.

- Cuando reina la paz, el pueblo judío es bendecido con hijos que un día servirán como instructores de la Ley.

- El rabino que es riguroso al aconsejar a los demás pero permisivo consigo mismo, y que afirma ser instruido cuando no lo es, no merecerá contemplar el esplendor del Rey. Esto se debe a que el temor inapropiado - las fuerzas malvadas de *Edom* - le oscurecerán la luz de los ojos y le impedirán ver el esplendor del Rostro del Rey.

CONFESIÓN

• La persona que no confiese sus pecados estará dominada por el miedo.

SER CONDESCENDIENTE

• Si la persona es condescendiente y no se preocupa [al ser ofendida], sus pecados no podrán anular el bien que ha hecho.

EL MÉRITO DE LOS ANCESTROS - ANCIANOS

• La inmersión en la *mikve* hace que

sean recordados los méritos de los ancestros.

● Las mentes sobresalientes y brillantes de la generación hacen que brille [en el mundo] el temor al Cielo. Esto despierta el mérito de los ancestros, lo que a su vez lleva al mundo hacia el retorno a Dios.

● Las personas cuyas acciones están plenas de bondad no necesitan del mérito de los ancestros.

● Los ancianos le dan fuerza al pueblo judío y su consejo nos es beneficioso.

● La calidad de los ancianos de la generación determina su bienestar económico.

La Memoria y el Olvido

● La preocupación lleva al olvido.

● Recitar en voz alta las palabras al

estudiar ayuda a recordarlas.

● El sufrimiento causa olvido.

● La inmoralidad destruye la memoria.

● La mentira induce el olvido.

● Aquél que tenga mala memoria deberá alentar a los demás en el retorno a Dios.

● La persona olvidadiza debe dar caridad.

● La persona de mala memoria debe trabajar para alcanzar un alto nivel de santidad.

● Ser humilde te ayudará a mejorar la memoria.

● La depresión lleva al olvido.

● La persona que expresa su erudición con modestia no olvida [sus estudios].

44

Sueños

- Luego de una pesadilla la persona debe decir: "Los sueños no tienen sentido" (Zacarías 10:2).

- Luego de un buen sueño la persona debe preguntar: ¿De verdad los sueños no tienen sentido? ¿Acaso no está escrito, "Yo hablaré con [el profeta] en un sueño"? (Números 12:6).

- La persona que quiera ver realizado su sueño deberá registrar los detalles, inclusive la fecha, la hora y el lugar [en que tuvo lugar el sueño].

Gracia

- Al dar caridad la persona obtiene Gracia.

- La Gracia es también una recompensa para la humildad.

- Para adquirir Gracia, trata a tus

invitados con hospitalidad.

• La persona que gasta liberalmente su dinero en búsqueda de un rabino del cual aprender obtendrá Gracia.

• La persona paciente obtendrá Gracia.

• La reverencia por un estudioso de la Torá produce Gracia.

• Las palabras dichas con calma son aceptadas por aquéllos a los cuales están dirigidas.

• Estudiar Torá mientras se viaja produce Gracia.

ADULACIÓN

• La adulación hace que la persona utilice un lenguaje vulgar y viceversa.

• La adulación lleva a sentir temores [infundados].

• La persona que deposita su confianza

en los demás terminará utilizando la
adulación.

- Usar la adulación despierta los juicios
severos.

IDEAS ORIGINALES DE TORÁ

- Las ideas originales de Torá aumentan
la Providencia Divina en el mundo.

- Aquéllos que quieran revelar sus
ideas originales de Torá deberán
estudiar los Códigos Legales antes y
después de transmitirlas. Este estudio
de la Ley protegerá sus ideas para que
no se vean afectadas por influencias
ajenas. Este mismo procedimiento
también deberá seguirse cuando la
persona quiera realizar algún acto de
caridad.

- La comprensión de los misterios de
la Creación está en relación directa
con el desarrollo de ideas originales
de Torá.

47

- Hay veces en que los Tzadikim trabajan para alcanzar algo o para comprender cierto aspecto de la Torá y más tarde descubren que esa comprensión le ha sido otorgada a alguna persona menos recta que ellos, sin que esta persona haya tenido que trabajar para alcanzarla. Esto se debe a que la puerta ya había sido abierta [gracias al trabajo del Tzadik].

- La gente tiende a sentir agradecimiento por la persona que ha revelado satisfactoriamente algún aspecto del razonamiento de la Torá.

- A la persona de fe débil le resulta difícil obtener una idea original de Torá.

MATRIMONIO - CONCEPCIÓN Y EMBARAZO

- La persona que tiene dificultades para encontrar su pareja debe recitar la sección de la Torá que trata de los sacrificios del Templo traídos por los jefes de las doce tribus (Números, 7).

- La formación de posibles parejas para el matrimonio, aunque sólo se haya hablado de ello y nunca se haya hecho realidad, también proviene del Cielo. El sólo hablar de tal unión afecta a cada una de las partes.

- A través de la plegaria la persona puede cambiar la pareja que le estuvo designada desde el Cielo.

- Decir mentiras hace que la mujer sienta dolor durante el embarazo.

- Cuando la mujer desprecia el mal, es bendecida con un hijo.

- La salud física de la persona, [los días de] su vida y su naturaleza están conformados a partir de los de su padre y su madre.

Salvación y Milagros

• Los milagros sólo se producen para la persona que está dispuesta a sacrificarse en aras del honor de Dios.

• La persona que acepta el sufrimiento con alegría trae salvación al mundo.

• *Hitbodedut* - la conversación privada con Dios – trae salvación.

• Los milagros se producen para aquella persona que ha sido probada.

• La caridad trae salvación.

• No confíes en un milagro mientras sea posible salvarte utilizando dinero o algún otro medio [similar].

• Antes de que Dios realice un milagro, la persona debe caer primero en una mala situación - cuya dificultad está determinada por la grandeza del milagro [que le va a suceder].

• Dios favorece a la persona que no

permite que salgan de sus labios nombres idólatras.

- La confianza en Dios salva del sufrimiento.

- Dar caridad libera de tener que apoyarse en la ayuda de un ser humano.

- La confianza en Dios te permitirá comprender que tu salvación proviene de Dios y no de otro lado. Decir la verdad también te ayudará a comprender esto.

- Cuando la persona se enfrenta a una prueba, debe comprender que si la supera Dios le hará un milagro.

- Alegrarse en la bondad de Dios es la recompensa por haber confiado en Él.

- Confía en Dios y Él te recompensará con bondad.

- La humildad trae salvación.

- Los milagros se producen gracias a la verdad.

- Cuando los judíos dicen la verdad, son bendecidos con el amor del Cielo.

- Al cantar las melodías particulares de una cierta nación gentil, Dios se fija por qué te están persiguiendo.

TEMOR A DIOS

- La persona que no se considera inteligente puede alcanzar el temor a Dios.

- El que limita su hablar de temas mundanos alcanza el temor a Dios.

- La humildad lleva al temor al pecado.

- Llevar la cabeza cubierta produce temor a Dios.

- Aquél que vive en constante temor a Dios y que siempre es consciente del

- Creador es perdonado de todos su pecados.

- La persona temerosa de Dios es recompensada con la paz.

- Temer a Dios lleva hacia la [cualidad de la] verdad.

- La persona temerosa de Dios siempre avanza y nunca cae en su crecimiento [espiritual].

- Aunque otros puedan estar asustados por algo, la persona temerosa de Dios no sólo carece de miedo, sino que incluso lo considera como una razón para regocijarse.

- La persona temerosa de Dios será humilde frente al Tzadik.

- El orgullo impide que la persona sea temerosa de Dios.

- Para incrementar tu temor a Dios, ve a la *mikve*.

- El pecado hace que la persona pierda su temor a Dios.

- Sumergirse en la *mikve* trescientas diez veces es una *segulá*, un remedio sagrado, para alcanzar el temor a Dios.

- El deseo que uno muestra por cumplir con una *mitzvá* indica su temor a Dios.

- Estudiar el *Shuljan Aruj*, el Código de Leyes Judías, lleva al temor a Dios.

- Un individuo puede abandonar el yugo del Cielo; la comunidad no.

- La voz de una persona sabia es especialmente propicia para alcanzar el temor al Cielo.

- Aquéllos cercanos a una persona temerosa de Dios adquirirán de ella temor y verdadero conocimiento.

ANCESTROS - HONOR Y RESPETO

• A Dios no le resulta fácil pasar por alto y anular los beneficios de los ancestros distinguidos que uno pueda tener.

• Cuando una persona debe encontrar obstáculos, se le envían honor y prestigio para distraerla e interferir en su servicio a Dios.

• Abrazar el rollo de la Torá es particularmente propicio para obtener respeto.

• La humildad trae respeto.

• Las palabras de una persona prestigiosa se cumplen.

• El respecto que uno muestra por la Torá lo salva de sus enemigos.

• Correr detrás del honor trae pensamientos de idolatría.

• Uno debe mostrar respeto por el líder

de un país, aunque sea un idólatra.

- Lo oculto de un milagro es su gloria.

- La vestimenta de la persona le trae respeto.

- El honor está conectado con el alma.

- El honor depende de aquello que desea el corazón.

- Honra a la persona a quien le sonríe la fortuna.

IRA

- Mientras la persona no se deje llevar por la ira, sus enemigos no tendrán control sobre ella. Habitará segura en su propio hogar y nadie le remplazará.

- La ira trae vergüenza.

- Evita la ira y así no pecarás.

- La persona irascible pierde su

sabiduría y perspicacia. Aunque hubiera estado destinada para la grandeza, también la pierde.

- El Santo, bendito sea, ama a la persona que evita dejarse llevar por la cólera y que no insiste en la venganza.

- La vida de una persona colérica no es vida en absoluto. Todos los castigos del infierno y las fuerzas negativas de los mundos inferiores gobiernan sobre ella.

- Comer pan a la mañana es en particular propicio para controlar la ira.

- La persona que no se queja de los demás gana su respeto.

- La mentira genera cólera.

- La persona que se enoja debe hacer un voto y cumplirlo de inmediato.

- Mirar el rostro de un mentiroso hace que la persona pierda el control de su temperamento.

- Los celos producen ira.

- Cuando la persona se deja llevar por la ira, hace que los juicios severos caigan sobre ella.

- La ira acorta la vida.

- La ira lleva a la depresión.

- Aunque *hitbodedut*, hablar con Dios en un lugar retirado, es algo muy bueno, una reclusión inapropiada lleva a la ira.

- Donde hay severidad no hay paz.

- Comer ayuda a que la persona obtenga el control de su temperamento.

- La caridad elimina la ira.

- La ira hace que la persona sienta miedo.

HECHICERÍA

- Aquél que haga uso de nombres no santos será dañado por todo lo que lo rodea.

- La hechicería sólo tiene poder para dañar a los orgullosos.

ESTUDIO DE LA TORÁ

- La persona que le trae satisfacción y alegría a su padre tendrá anhelo y amor por el estudio.

- Si quieres que la Torá que enseñas sea inspiradora, sólo expone aquellos versículos y temas que hablan del bien.

- La persona que enseña nuevas ideas de Torá Le trae alegría al Santo, bendito sea.

- Es bueno estudiar Torá – aun cuando estés medio dormido.

59

- Cuando uno acepta el sufrimiento con amor, no olvidará lo aprendido.

- Todo aquello que la persona haya estudiado en este mundo pero que no haya entendido completamente, merecerá comprenderlo en el Mundo que Viene, en su verdadero significado.

- Aquéllos que se ponen de pie en honor a un sabio de la Torá merecerán la sabiduría de la Torá.

- Todo estudio de la Torá es beneficioso para el alma - así sean las reglas que gobiernan la relación del hombre con sus semejantes, o aquéllas que tratan de su relación con Dios.

- Cuando uno estudia Torá de noche, la Divina Presencia se encuentra a su lado.

- ¿Qué tiene que hacer la persona para adquirir sabiduría? Debe aumentar su estudio, limitar sus actividades comerciales y pedir la misericordia de Dios. Lo uno sin lo otro no es suficiente.

- La persona realmente humilde no olvida sus estudios. Esto se aplica también a aquél que les enseña a los demás.

- La persona se beneficia más cuando escucha directamente de un maestro.

- El estudio de la Torá es más grande aún que el sacrificio diario en el Templo.

- Cuando uno elige entre diferentes enseñanzas, diciendo, "Esta me agrada y ésta no", pierde los tesoros de la Torá.

- Es más fácil aprender algo nuevo que recuperar aquello que se ha olvidado.

- El estudio de la Torá es más grande aún que salvar vidas, que construir el Santo Templo y que honrar a los padres.

- Hay tres cosas sobre las cuales Dios derrama lágrimas todos los días: una de ellas es la persona que tiene la capacidad de estudiar y no lo hace.

- La verdadera comprensión lleva al retorno a Dios.

- El hombre que no tiene esposa no tiene bien.

- El Santo, bendito sea, no siente ningún placer cuando los judíos son juzgados desfavorablemente.

- Uno debe estudiar Torá aunque no comprenda su significado.

- Mirar los labios de tu maestro mientras enseña es muy beneficioso.

- Cuando uno se hace accesible para enseñarle Torá a todo aquél que desee aprender, la Torá se le da como un regalo.

- Lo que la persona aprendió de la Torá se fija en ella cuando se sacrifica por ello o cuando se dispone a estudiar como si no tuviera ningún conocimiento previo.

- Estudiar es un requisito para obtener el temor al pecado y el temor al pecado, a su vez, debe preceder el estudio analítico de la Torá.

- Aquél que estudia pero no repasa lo estudiado es como una persona que planta pero que no cosecha.

- Cuando uno estudia la Torá por sí misma, sin motivos ulteriores, trae paz a las huestes, arriba y abajo, y protege al mundo entero con su mérito. Es como si construyese un palacio en ambos mundos y acelerase la redención final.

- Cuando la persona enseña Torá al hijo de su amigo, es como si hubiera traído al mundo al niño, a la Torá e incluso a sí mismo.

- Cuando la persona aplica de manera apropiada un versículo de la

• Torá a algún contexto corriente, trae prosperidad al mundo.

• Teniendo la posibilidad de elegir, uno debe siempre exponer un versículo que interpreta favorablemente y para bien antes que elegir un versículo que enseña lo contrario.

• El estudio analítico de la Torá ayuda a la oración.

• Enseñarles Torá a los niños aumenta la paz en el mundo.

• Exponiendo la Torá para bien, la persona es capaz de traer la salvación.

• La amplitud mental de la persona le da la comprensión necesaria para razonar apropiadamente y deducir una cosa de la otra.

• La persona que no siente deseo de estudiar la Torá no debe hablar mal de nadie.

• El estudio de la Torá le trae paz a la persona.

- Aquél que aborrece la mentira - como si fuese una abominación – sentirá el deseo de estudiar Torá.

- La comprensión de [alguna idea de] Torá por la cual hayas tenido que "pagar un precio" quedará fija en ti y nunca la olvidarás.

- No es posible aprender de cualquiera. Esto explica por qué la gente suele viajar grandes distancias para encontrar un maestro apropiado.

- Cuando el discípulo escucha una lección de Torá de su maestro y anula su voluntad frente a la de él, puede estar seguro de que verdaderamente ha escuchado la enseñanza. Sin embargo, si su voluntad no ha sido anulada, entonces aunque haya escuchado - en realidad no escuchó nada. Otra manera de determinar si realmente ha escuchado las palabras de su maestro es si experimenta una total anulación del yo en el momento de la lección.

- La persona culpable de calumnia no puede recibir el Rostro Divino.

- Recitar la sección de la Torá sobre la ofrenda de incienso en el Templo (Éxodo 30:34-38) es una rectificación para la calumnia.

- La adulación lleva a la burla.

- La burla trae sufrimiento.

- El burlador carece de sabiduría.

Conflicto y Disputa

- El respeto por la Torá salva a la persona de sus enemigos.

- Antes de la batalla es necesario orar a Dios.

- Es posible anular el odio de los enemigos habituándose a mirar al cielo.

- La persona que se olvida del pobre no puede prosperar.

- Dios ignora a la persona conflictiva y Se oculta de ella.

- La persona pendenciera pierde la memoria.

- A veces es debido al lugar que la persona encuentra conflicto y disputa.

- Aquél que tenga enemigos deberá volverse humilde y entonces Dios lo salvará.

- Es posible vencer a los enemigos buscando la oportunidad de demostrarles afecto.

- La humildad hace que la persona pueda mantenerse firme en la batalla, como si estuviese protegida por una fortaleza.

- El conflicto y la disputa traen pobreza.

- Aquél que es avergonzado y guarda silencio es considerado un justo y su alma es protegida por el Santo, bendito sea.

- La persona que habla poco no puede ser vencida por nadie.

- Recita el Salmo 6 para obtener victoria en la batalla.

- Dios no permite que la persona que visita a los enfermos caiga en manos de sus enemigos.

- Cuando una persona tiene enemigos, debe pasar el día entero recitando plegarias, sin parar. Así, Dios la salvará y sus enemigos serán avergonzados.

- La persona que tenga enemigos deberá pedirle a la mayor cantidad de gente posible que ore por ella. Esto hará que sus adversarios la dejen en paz.

- El estudio de la Torá aleja a los enemigos.

- Confía en Dios y tus enemigos no podrán hacerte daño alguno.

- Cuando la gente habla en tu contra, estudia la *Hagadá* todas las noches.

- La persona que tiene fe no les teme a sus enemigos.

- Todos prefieren la muerte antes que vivir sin amigos y sin seres queridos.

- Satán está en todo lugar donde haya conflicto y disputa.

- La opresión sufrida por la persona la transforma en un sacrificio adecuado para Dios.

- Siempre ponte del lado del oprimido y ayúdalo.

- El mundo sólo existe gracias al mérito de la persona que guarda silencio ante una disputa.

- Aquél que es humillado y sin embargo guarda silencio anula muchos de los infortunios que estaba destinado a sufrir.

- Dios está siempre del lado de la

opinión mayoritaria, salvo que la mayoría esté compuesta por hombres malvados.

- El estudio de la Torá le da a la persona las fuerzas necesarias para mantenerse firme en el combate.

- La persona debe fortalecerse y utilizar todo su ingenio para luchar contra sus enemigos, pero aun así debe saber Dios hará lo que Él considere adecuado.

- La persona que no confía en Dios atrae el conflicto y la disputa.

- El estudio de la Torá crea temor entre las naciones y hace que éstas no quieran entrar en guerra con Israel.

- En tiempo de guerra uno debe preparar las armas, como es la práctica común, y no esperar un milagro. El Santo, bendito sea, hará entonces lo que Él considere adecuado.

- Nunca pidas que una persona muera

a manos de Dios, ni siquiera un apóstata. Es mejor que muera a manos de otro hombre que por intervención Divina.

- Nunca discutas con un malvado, en especial con aquél a quien la fortuna le sonríe.

- El odio infundado genera disputa y conflicto en el hogar.

- Dando caridad, la persona puede vencer a sus enemigos con un mínimo de esfuerzo, pues Dios la salvará incluso de sus ataques más furiosos.

- La tristeza y la depresión llevan al conflicto, mientras que la alegría trae paz al mundo.

- La Torá se revela a través de la paz.

Dinero

- Las palabras de los sabios traen prosperidad.

- El hombre debe gastar en comida y bebida menos de lo que le permiten sus ingresos; debe vestirse de acuerdo con sus medios y honrar a su esposa y a sus hijos comprándoles cosas que se encuentren incluso más allá de sus medios.

- Aquél que tenga verdadero conocimiento finalmente prosperará.

- La comprensión de una nueva idea trae consigo grandes riquezas.

- Apenas el dinero de un judío cae en manos de un gentil pierde instantáneamente la cualidad especial que había adquirido en manos del judío.

- No debes preocuparte de que alguien te quite el sustento. En contra de su voluntad él te llamará para que te lleves aquello que te pertenece.

- La fe en Dios aumentará tu sustento.

- Cuando hay prosperidad en el mundo, disminuye la enfermedad.

- Asociarse con alguien a quien la fortuna le sonríe es beneficioso para la propia prosperidad.

- En todo lo que emprendas, pídele al Tzadik que ore por ti.

- La alegría es siempre propicia para el éxito.

- La ansiedad y la preocupación por el sustento minan las fuerzas de la persona.

- Cuando la persona desprecia el dinero, el Cielo le muestra el sendero correcto que debe seguir.

- Arruinar los medios de subsistencia de una persona equivale a quitarle la vida.

- Aquél que ansía el dinero cae de su nivel espiritual.

- La fe es beneficiosa para el sustento.

- Da caridad y prosperarás.

- Honra a tu esposa y serás rico.

- Sea lo que fuere que desees, así sea sabiduría, riqueza o hijos, primero debes tratar de alcanzarlo a través de medios naturales y luego pedir la Misericordia para que estos medios tengan éxito.

- Volver a Dios en arrepentimiento te permitirá ganarte la vida con facilidad.

- La bendición que desciende del Cielo alterna en forma; a veces se presenta como fuego y otras como agua, a veces como piedra o en cualquier otra forma. Estos cambios están de acuerdo con los cambios que tienen lugar en los ángeles: a veces están sentados y otras veces parados, ocasionalmente son femeninos y otras veces masculinos. Todos estos cambios afectan tanto al macrocosmos como al microcosmos. La voluntad del hombre también alterna de acuerdo con estos cambios. A veces quiere una cosa y a veces, otra.

MESÍAS

• Contar historias de los Tzadikim trae al mundo la luz del Mashíaj. Relatar estas historias también elimina mucha oscuridad y dolor y el relator recibe en recompensa hermosas vestimentas.

• Llegará el momento en que toda una generación estará compuesta de gente recta.

• La verdad acelera la llegada del "fin de los días".

• Cuando la persona guarda el Shabat atrae sobre sí la luz del Mashíaj. El arrepentimiento también tiene este poder.

FAMA

• Dios prueba a la persona para luego otorgarle importancia y fama.

INMORALIDAD - CAÍDA ESPIRITUAL

• No entres en disputa con la tentación. No argumentes ni razones con ella. Abrigar tales pensamientos - aunque sea para oponerse - fortalecerá su atracción y terminará arrastrándote detrás de ellos.

• Los celos hacen que decline el nivel espiritual de la persona.

• Si comienzas a realizar una *mitzvá* con todo tu corazón, podrás finalizarla sin contratiempos.

• Si uno cae de su temor a Dios, es una indicación de que este temor no era puro en primer lugar.

• El deseo de dinero genera la declinación espiritual.

- Uniéndose al Tzadik uno se asegura de que su nivel espiritual no declinará.

CANCIÓN

- Cuando la fama de los Tzadikim se difunde por el mundo, esto inspira la composición de nuevas canciones.

- A partir de las melodías que la persona canta es posible saber si se ha dedicado al estudio de la Torá.

LIBROS SAGRADOS

- Aquéllos que escriben textos sagrados deben pesar cuidadosamente el contenido de su trabajo para ver si existe suficiente material como para conformar un libro. Pues el valor de un libro sólo proviene de aquellas partes que fueron escritas con la "unión de almas", como en: "Esta es la crónica de los descendientes de

Adán" (Génesis 5:1). Pero si sólo un mínimo del libro fue escrito de esta manera, no es digno de ser publicado.

● Es de hecho muy beneficioso que ciertos libros sagrados escritos por *Tanaim* y otros Tzadikim del pasado se hayan perdido y olvidado. Su desaparición es la causa de que muchos libros de apostasía y pensamientos heréticos sean borrados de la existencia.

HUMILDAD

● La fe lleva a la humildad.

● Tener un lugar fijo para decir la oración lleva hacia la humildad y la devoción.

● La humildad trae una larga vida.

● Cuando veas un aumento de humildad en el mundo, podrás esperar la llegada inminente del Mashíaj.

- La humildad elimina la disputa y el sufrimiento.

- La humildad permite que la persona avance y la cuida de caer de su nivel.

- El mundo existe gracias a la persona que se considera como una nada.

DEPRESIÓN

- Debes hablar de tus sufrimientos.

- Si uno está deprimido, debe observar a los Tzadikim y ello le traerá alegría al corazón.

- La depresión debilita.

- El Santo, bendito sea, no permanece con la persona que está deprimida.

- La ira lleva a la depresión.

- Cuando la persona está deprimida no puede alcanzar sus objetivos.

- Acercarse a los Tzadikim alegra el corazón.

- El sonido, la vista y el olfato tienen el poder de calmar la mente.

- Cuando la persona clama a Dios, elimina la causa de su angustia.

- Aquél que insiste en su sufrimiento más de lo necesario sufre más aún.

- La tristeza y la depresión llevan al conflicto, mientras que la alegría trae paz al mundo.

- Cuando la persona pierde la alegría, se enferma.

CONSEJO

- Sólo busca el consejo de aquellas personas conocedoras de los misterios de la Torá.

- Es bueno buscar el consejo de los ancianos.

- Es mejor recibir un consejo en campo abierto.

CASTIGO - TEMOR

- A veces la persona emite un veredicto sobre sí misma sin saberlo [cuando alguien le pide que elija un castigo para otra persona].

- La persona con miedo comete errores.

- Confía en Dios y te verás libre de temor.

- Dar caridad elimina el temor.

- El temor mina la fortaleza de la persona.

- La persona inteligente no debe temerles a los sonidos insignificantes.

- Aquél que sienta temor deberá cantar canciones alegres.

- Confiando en Dios no sentirás temor.

- Mediante la humildad no caerás víctima del temor.

- Cuando los judíos están unidos, las naciones les temen.

- Cuando los judíos se olvidan de Dios y ya no confían en Él, sienten temor de las naciones.

- La ansiedad produce temor.

- El temor lleva a decir mentiras.

- El temor y la ansiedad embotan el corazón.

- Aquél que huye de los problemas es sabio.

RESCATE DE CAUTIVOS

- Atribuir una idea a quien la dijo trae redención al mundo.

- Cuando un judío es hecho cautivo, los hombres sabios de la generación ya no son capaces de abrevar de las fuentes de sabiduría que esta persona traía al mundo. Cuando es liberada de su cautiverio, ocurre lo contrario

ABSTENERSE DE PLACERES MUNDANOS

- La persona que se abstiene de los placeres mundanos y luego se retracta de su ascetismo cae en deseos físicos mucho más grandes que al comienzo.

CARIDAD

- Dar caridad ayuda a salir de los malos hábitos.

- Es una gran *mitzvá* ayudar primero a aquéllos que se ocupan del estudio de la Torá. Con respecto a la letra de la ley, sin embargo, no debe hacerse diferencia alguna.

- Siempre debes agradecer a la persona

que te da algo y nunca decir que en verdad eso no era de ella sino que provino de Dios.

- La caridad es igual a todas las otras *mitzvot* juntas.

- Hacer que otros den es más grande aún que dar uno mismo.

- Aquél que oculta sus actos de caridad es más grande aún que Moisés.

- Jerusalén será redimida mediante la caridad.

- Tan grande es la *mitzvá* de recibir huéspedes que tiene el poder de acercar a aquéllos que están lejos de Dios y de alejar a aquéllos que están cerca pero que no practican la hospitalidad.

- Da caridad a manos llenas y tus plegarias serán escuchadas.

- La caridad aumenta la fe.

- Los productos de la tierra florecen en

mérito a la caridad.

● La caridad acelera la salvación.

● Tener fe en Dios es considerado como caridad.

● Cuando la gente da caridad, los productos de la tierra prosperan y hay paz en el mundo.

● Al cumplir con una *mitzvá* que implica cierto gasto de dinero, asegúrate de pagar todo el precio y no trates de obtenerla gratis.

● Dar caridad con alegría es señal de un corazón pleno.

● Sigue dando:
  - mientras encuentres gente que lo necesite;
  - mientras tengas para dar;
  - mientras tengas el poder de hacerlo

● La caridad es más grande que todos los sacrificios.

- Los actos de bondad son más grandes aún que la caridad.

- Ayudar a un estudioso de la Torá anula los dictados astrológicos.

- Hacer favores a los demás trae una larga vida.

- Ciertas plegarias son aceptadas Arriba sólo luego de haber dado para caridad una cantidad suficiente de dinero, equivalente al número de letras de la plegaria apropiada. Por ejemplo, cuando la persona pide, "Dame hijos", debe contribuir con una suma igual a las letras de estas mismas palabras.

- Aquéllos que proveen de sustento a mucha gente llevan a la diáspora una bendición desde Eretz Israel.

- Dar monedas para caridad salva a la persona de la mala inclinación.

TZADIK

- Hay veces en que la interrupción del estudio de la Torá lo refuerza.

- Los Tzadikim utilizan su mérito para beneficio del mundo y no para sí mismos.

- La forma en que hablan los sabios trae salud y prosperidad. Uno debe por lo tanto aprender a hablar como ellos.

- Cuando la persona les enseña Torá a otros, la Torá se le revela sin esfuerzos.

- Cuando acercarse a los Tzadikim implica superar dificultades, ello es mucho más beneficioso para el servicio al Creador.

- Incluso aquéllos que han viajado para estar con el Tzadik y no recibieron de él ninguna lección de Torá, son recompensados por el hecho mismo de haber viajado.

- Es mejor acercarse a un Tzadik que sea compasivo.

- Una vez que has determinado que la fuente de la cual tomas la sabiduría - tu Rav - es bendecida y aceptable, no la sustituyas ni la cambies por ninguna otra.

- Aquél que alaba al Tzadik será bendecido.

- No trates de forzar la mano de Dios.

- No intentes presionar a tu Hacedor mientras te sea posible alcanzar lo que deseas haciendo algo tú mismo.

- No es necesario que castigues ni que rechaces a un estudiante que se niega a seguir la senda correcta. Más bien, acércalo. Esto será beneficioso para tus otros alumnos y para él también.

- En este mundo, todo el que quiera puede acercarse al Tzadik. Pero en el Mundo que Viene, sólo aquéllos que ya eran sus seguidores podrán estar cerca de él.

- Lo que escuches directamente del

- Tzadik será más beneficioso que lo aprendido de un libro.

- Las palabras simples del Tzadik revelan una gran luz, haciendo que incluso la gente común pueda comprender la sabiduría profunda.

- Enseñarles a los demás a cumplir con las *mitzvot* es preferible a cumplirlas uno mismo.

- El Tzadik es la imagen de Dios para su generación.

- La bendición del Tzadik es una redención.

- La fe en el Tzadik suaviza los juicios severos.

- Al dar caridad la persona merece acercarse a los Tzadikim.

- No hay Tzadik que esté libre de controversia.

- Ver el rostro del Tzadik agudiza la mente.

- Escuchar lecciones de Torá de un Tzadik otorga vitalidad.

- El temor al Tzadik te permitirá alejarte de tus malos caminos.

- Alabar a los Tzadikim es como alabar al Santo, bendito sea.

- La llegada de Mashíaj depende del acercamiento a los Tzadikim.

- La perfección del alma depende básicamente de acercarse a los Tzadikim.

- Dios realiza actos de bondad para la persona que relata historias de los Tzadikim.

- Sentarse a la mesa del Tzadik elimina las guerras.

- Unirse al Tzadik es muy saludable.

- No debe sorprenderte el hecho de que aunque el hombre constituya una parte tan pequeña de la Creación, todos los Mundos dependan de él.

- Porque esto es verdad de todo lugar en donde resida la *Shejiná*, la Presencia de Dios: donde lo pequeño contiene lo mucho.

- La persona que justifica las acciones de los demás verá sus deseos realizados, sin que nadie interfiera.

- Cuando Dios ve que cierto Tzadik es incapaz de inspirar a la gente en la devoción al Creador, despierta la oposición en su contra. Pues el Tzadik que no tiene enemigos no puede inspirar a los demás. Esto es comparable al tiempo del Mesías, cuando reinará la paz y ya no se aceptarán a los conversos.

MALDECIR - LAS FUERZAS DEL MAL - CELOS

- Incluso los gentiles que bendicen a un judío serán bendecidos.

- La persona que siempre maldice proviene del Mundo del Vacío, mientras que la persona que es propensa a bendecir proviene del Mundo de la Rectificación.

- Las fuerzas del mal prevalecen en las ruinas y en los edificios destruidos.

- Recitar las "siete voces" compuestas por el Rey David (Salmo 29) humilla al espíritu maligno.

- Cuando desaparezca la envidia será señal del retorno de los exilados.

- Visitar al Tzadik elimina los celos.

- La envidia debilita la fuerza.

COMPASIÓN

- La persona compasiva con los pobres merecerá ser testigo del consuelo de Dios y siempre saldrá victoriosa.

- La persona que ora con fervor merece tener compasión de los pobres.

- El que no tiene compasión enloquece.

- Aquél que vea a su vecino sufriendo debe pedir misericordia por él.

- La persona debe evitar hacer sufrir a cualquier ser viviente, pues esto se volverá en su contra.

LA MIRADA

- El ojo sólo puede ver lo que se le permite ver. Aunque la cosa esté delante de sus ojos, la persona no podrá percibirla salvo que el Cielo le otorgue el derecho de verla.

- A aquél que cierra los ojos para no ver el mal, se le evita la vergüenza.

- Mirar un *Etrog* es una cura para los ojos.

ALEGRÍA

- Cuando la persona cumple una *mitzvá* con alegría, es señal de que su corazón está plenamente con Dios.

- La alegría abre el corazón.

- Un aumento en la alegría fortalece el intelecto. Comer y beber son medios excelentes de instilar alegría en el corazón y de eliminar la depresión y la ansiedad.

- Dar caridad de todo corazón trae alegría.

- La alegría de una *mitzvá* fortalece a la persona.

- Al dar un buen consejo serás recompensado con alegría.

- Al bailar podrás despertar en ti sentimientos de alegría.

- La persona humilde ante sus propios ojos alcanzará el fervor religioso.

- La música te hará feliz y te llevará al fervor religioso.

- La confianza en Dios trae alegría.

- La alegría aumenta la capacidad de comprensión.

- Dios protege a la persona que se regocija en el cumplimiento de una *mitzvá*.

- La persona que está siempre alegre triunfará.

Paz - Shabat

- Encender las velas del Shabat promueve la paz.

- Al buscar la paz, la persona será recompensada con honores en este mundo y con vida en el Mundo que Viene.

- Buscar la paz trae confianza en Dios.

- La verdad promueve la paz.

- Jerusalén sólo podrá ser reconstruida cuando haya paz.

- La paz trae buenas noticias.

- Cuando no hay tranquilidad las plegarias no son aceptadas.

- Cuando hay paz hay vida.

- La paz trae bendiciones.

- Cuando hay tranquilidad no hay temor.

- Donde hay tranquilidad hay prosperidad.

- Cuando la persona guarda el Shabat atrae sobre sí la luz del Mashíaj. La Teshuvá también tienen este poder.

DORMIR

- Cuanto más santa es la persona

menos sueño requiere.

- La persona que tenga dificultades para dormir deberá reflexionar sobre su creencia en la resurrección de los muertos.

ARREPENTIMIENTO

- El ayuno es bueno para todo.

- De manera ideal, el arrepentimiento debe incluir la misma cosa a través de la cual uno ha pecado.

- La persona que piensa que "haciendo esto y aquello voy a lograr esto y lo otro", no tendrá éxito.

- Cuando la persona es humilde, es como si hubiera ofrecido todos los sacrificios.

- Todo aquél que confiesa sus pecados tiene una parte en el Mundo que Viene.

- La persona no debe decir "voy a cometer tal y tal pecado", ni siquiera en broma, pues sus palabras tienen el poder de llevarla a la acción.

- La persona debe considerar que sus pecados son los responsables del sufrimiento en el mundo.

- La transgresión debilita la fuerza de la persona.

- Teniendo la opción de cumplir con una de dos *mitzvot* posibles, elige aquélla que implique superar tu mala inclinación.

- Cuando uno se arrepiente de haber cometido un pecado, se le perdonan todas sus transgresiones.

- Todos los pecados son perdonados cuando la persona lleva a cabo sus negocios con honestidad.

- La mesa sobre la cual se convida a los huéspedes expía los pecados.

- Al suspirar uno se vuelve una nueva persona.

- La mentira fortalece la mano de los malvados.

- Al arrepentirse con sinceridad, el Santo, bendito sea, le da a la persona un "corazón" con el que pueda conocerLo realmente.

- Cuando la persona se confiesa, Dios la ama y aparta de ella Su ira.

- Las naciones nos llevan al arrepentimiento.

- Estudiar Torá expía los pecados.

- Cuando te veas sujeto al sufrimiento, considera tus caminos.

- Cuando uno desea realizar buenas acciones pero se ve impedido de llevarlas a cabo, Dios lo recompensa como si de hecho las hubiera realizado. Pero cuando la persona no hace siquiera aquello de lo que es capaz, es castigada.

- Trayendo el mérito a muchos, la persona se transforma en un socio de Dios en la Creación.

- Aquél que trae a la gente de retorno hacia Dios merece sabiduría.

- La pereza hace que la persona crea que la senda del arrepentimiento le está cerrada.

- Desde el momento en que uno considera arrepentirse, sus plegarias son aceptadas, aunque aún no haya retornado a Dios.

- Cuando quieras arrepentirte, pídele al Tzadik que te lleve delante de Dios.

- Los pecados se expían con la bondad y la verdad.

- Es imposible saber en vida si nuestro arrepentimiento ha sido aceptado.

- Es común que uno se vea enfrentado por el sufrimiento cuando comienza a servir a Dios. Esto se debe a que la motivación inicial provenía del temor al juicio.

- Cuando uno comienza a servir a Dios, Él le dice: "Aunque sé que tu deseo y voluntad es servirme, ¿qué seguridad tengo de que mañana no vayas a dejarme? Pues, si es así, ¿cómo puedo acercarte solamente por tu deseo y revelarte de inmediato las cosas ocultas? Más bien, lo que debes hacer es comenzar mostrando tu amor por Mí en la situación presente y cumplir con Mis *mitzvot* aunque no las comprendas. Sírveme con simplicidad, sin sofisticación. Si lo haces durante un tiempo, creeré en ti y te revelaré el razonamiento y la sabiduría detrás de cada uno de los temas. Entonces te acercaré, pues todo el tiempo durante el cual Me serviste será garantía de que no Me dejarás".

- Uno puede ver si verdaderamente quiere servir a Dios cuando no tiene deseo alguno de ser reconocido.

- La mentira impide que la persona mejore su comportamiento.

- Es mejor cumplir un poco de una *mitzvá* antes que no llevarla a cabo en absoluto.

- Cuidar el cuerpo precede a la rectificación del alma.

- Cumple con más *mitzvot* de las que eres capaz.

- El arrepentimiento trae salud al mundo.

- Cuando un individuo se arrepiente, es perdonado él y el mundo entero.

- Llorar y clamar por la misericordia de Dios es más efectivo durante la noche.

- El hombre debe elegir el siguiente sendero: amar la corrección y mantenerse firme en su fe.

- Al igual que Iom Kipur, el día en que la persona se arrepiente es encuentra más allá del tiempo y eleva por sobre el tiempo a todos sus días [pasados].

- Dios hace un "sendero en el mar" para anular nuestros pecados y sacar a luz nuestras buenas acciones.

CORRECCIÓN MORAL

- Uno no debe excluirse nunca de su comunidad.

- Si sabes que la gente no va a aceptar la corrección, déjala tranquila.

- Dando caridad serás digno de aceptar las palabras de corrección.

- Sólo es posible convencer a otra persona si uno primero une su alma con la de ella.

PLEGARIA

- Se debe anhelar por el bien de la

comunidad, aunque uno mismo pierda por ello.

- Es posible hallar a Dios en la sinagoga.

- No esperes la llegada de los problemas para comenzar a orar.

- Cuando otra persona ora por uno su plegaria es más efectiva que cuando se ora para sí mismo. Aun el Tzadik requiere de la plegaria de otros.

- Es bueno clamar ante Dios siempre: antes que el decreto haya sido emitido e incluso después.

- No se debe orar por algo en forma excesiva.

- Las plegarias de un individuo no serán escuchadas a no ser que ore con un corazón atento. Pero las plegarias de la congregación siempre serán atendidas, incluso si nadie ora con atención.

- No ores por dos cosas al mismo tiempo.

- Está prohibido forzar a Dios pidiendo que altere los dictados de la naturaleza.

- Todo lo santo requiere preparación y disposición.

- Dios escucha las plegarias de aquéllos que confían en Él.

- Antes de comenzar a orar, da caridad y únete a los Tzadikim de la generación.

- Sea lo que fuere que necesites, grande o pequeño, ora por ello.

- La plegaria es más grande aún que las buenas acciones y los sacrificios.

- Al orar, la persona debe extender las manos como si estuviera recibiendo algo.

- El anhelo por Dios que uno expresa durante la noche le hace más fácil orar por la mañana.

- Si tus plegarias son acompañadas de lágrimas serán aceptadas.

- Debes orar para que haya paz en la ciudad en que vives.

- La persona que no pide por los judíos cuando sufren es llamada pecadora.

- Uno debe orar por sus hijos y por todos sus descendientes.

- Está prohibido que la persona niegue el bien que ha recibido, así sea de un judío o de un gentil.

- Cuando la persona enferma llora y pide por sí misma, Dios la cura y acepta sus plegarias.

- El Santo, bendito sea, desea la plegaria.

- Cuando uno confía en Dios, sus plegarias son escuchadas.

- La humildad permite que uno clame desde el fondo de su corazón.

- Con alegría, tus plegarias alcanzarán la cámara del Rey.

- Aquél que no esté conforme con sus plegarias deberá cantar al orar.

- Dios escucha las plegarias de la persona que ora con entusiasmo.

- Antes de orar, es necesario unir nuestro espíritu con el Creador. Esta unión permitirá que las palabras fluyan por sí mismas.

- La plegaria dicha con alegría Le es agradable y dulce a Dios.

- Los pensamientos están en relación con el trabajo espiritual. (Esto puede explicarse como sigue: la persona que está dedicada al servicio a Dios se ve perseguida por pensamientos que la confunden mucho más que las personas que no están abocadas a ello).

- La plegaria es más efectiva cuando se mira al cielo.

- Cuando los judíos oran juntos, sus plegarias son más efectivas que cuando oran en lugares separados.

- La persona que pide compasión por su generación será recompensada con una revelación de la Divina Presencia.

¡Jazak!

¡Ánimo! ¡Fuerza!

* * *

Made in the USA
Las Vegas, NV
05 November 2021

33726312R00066